Het land van herkomst van mijn voorouders

Maar toegegeven, pijnlijk of niet.
Nooit heb ik haar aarde gekust,
haar parelwitte stranden aanschouwt.
Hoewel het verlangen mij steeds tart...

Ach, het lot wikt en beschikt...
Wijl stem van voorouders lokt.
Mij tot in Europa wil bereiken,
altijd met liefde wil koesteren en omarmen.

© Benjamin Marijanan 2018

Für meine Eltern

Barnabas Marijanan & Fransina Henderina Muhammad

Für meine Kinder

Francina Marijanan & Ismaël Joshua Marijanan

Für unsere große Familie

und deren Nachkommen aus aller Welt

Benjamin Marijanan

Weltbürger sucht Wurzeln

Berlin ist mein Ziel ...

© 2018
Herstellung und Verlag: BoD – Books on Demand, Norderstedt.
ISBN: 978-3-75281-314-2

Herausgeber: Benjamin Marijanan, Lettera-Tour-Treff e.V.
Autoren: Benjamin Marijanan, DoKo Tanwic
Umschlaggestaltung, Illustration: BoD, DoKo Tanwic
Lektorat: DoKo Tanwic, Lettera-Tour-Treff e.V.
Übersetzung: DoKo Tanwic
weitere Mitwirkende:
Andy Tielman, „The Godfather of Indorock", posthum
Printed in Germany

Bibliografische Information der Deutschen Nationalbibliothek:
Die Deutsche Nationalbibliothek verzeichnet diese Publikation in der Deutschen Nationalbibliografie; detaillierte bibliografische Daten sind im Internet über http://dnb.d-nb.de abrufbar.

Inhaltsverzeichnis

Benjamin Marijanan

Foto: Benjamin Marijanan

Wo sind meine Wurzeln?
Ich weiß es nicht ... ich suche noch weltweit.
Meine Ahnen stammen aus dem heutigen Indonesien -
meine Mutter von Timor - die größte der kleinen
Sundainseln
mein Vater von den Molukken - auch als „Gewürzinseln"
bekannt.

Kolumbus entdeckte Amerika und die Portugiesen Timor.
Traumstrände, Inselwelten mit exotischer Flora und Fauna
Monsun ... Monsunwälder ... Regenzeit ... Dürreperioden
in der Halbwüste. Kontrastprogramm und Wechselbad ...
das fruchtbare, grüne Land während der Regenzeit.

Pflanzen, die im Monsunklima wachsen, sind stark
verwurzelt, damit sie nicht weggeschwemmt werden ... so
auch die Menschen. Viele mussten ihre Heimat verlassen
und neue Wurzeln finden ... meistens in den Niederlanden
... wie meine Eltern. In Holland nannten wir Indonesien
den „Gürtel aus Smaragd".

Ich bin eine exotische Monsunpflanze - gleichsam
bärenstark, widerstandsfähig ... grazil und zart - so kann
ich

mich an die verschiedensten Gegebenheiten anpassen, doch verwurzelt bin ich (noch) nicht.

Ich wurde in den Niederlanden geboren und kenne die Heimat meiner Ahnen nur aus Erzählungen – die Treue des Ostens ruht in mir
(Timor = timur = der Osten). Es zieht mich jedoch nicht dorthin, aber ich habe eine sehr große Affinität zu Deutschland und der Historie des Landes.

Ich fühle mich heute als Weltbürger mit vielen Anknüpfungspunkten.

Mein Ziel ist Berlin – hier fühlte ich mich erstmals angekommen und zu Hause. Berlin ist für mich heiliger Boden.
Und ja, Berlin wartet … auf Benjamin.

In diesem Büchlein stelle ich eine kleine Sammlung meiner lyrischen Lieder vor, die aus dem Englischen und Niederländischen von DoKo ins Deutsche übersetzt wurden.

Im Sommer 2018 habe ich meinen ersten Auftritt in Berlin und für diesen Zweck wurde das Büchlein geschaffen.

Berlin-Müggelsee und Umgebung

Foto: DoKo Tanwitz (alte Postkarte aus Privatbesitz)

Vorwort von Benjamin Marijanan

Die Heimat meiner Vorfahren

Zugegebenermaßen … schmerzlich, oder nicht.
Nie habe ich ihre Erde geküsst
ihre perlweißen Strände angeschaut,
obwohl der Wunsch mich zunehmend martert…

Ach, das Schicksal denkt und lenkt…
Die Stimme der Vorfahren lockt,
will mich bis nach Europa erreichen,
getreulich in Liebe umarmen und einhüllen.

© *Benjamin Marijan*
  Übersetzung: DoKo Tanwic

Vorwort von DoKo Tanwic

Anfang Februar 2018 wurden Benjamin Marijanan und ich ganz zufällig zusammengeführt. Dies geschah über eine niederländische Übersetzerkollegin auf der beruflichen Ebene - danke Els.

Es ergab sich schon bald eine Gelegenheit zu einem persönlichen Treffen in einem interessanten Kreis an der Nordseeküste. Benjamin wurde empfangen wie ein vertrauter Freund aus Äonen und er war wirklich eine Bereicherung für die Gruppe.

Im Laufe des spannenden Wochenendes und vieler gemeinsamer Gespräche fügten sich Puzzleteile zusammen.

Während meiner Zeit in Holland habe ich viele indonesische Freunde gewonnen und die Mentalität entsprach mir sehr. Zu meiner großen Überraschung erfuhr ich von Benjamin, dass er mit Andy Tielman verwandt sei.

In diesem Büchlein findet sich einiges darüber und hier schließt sich ein Kreis.

Ich wünsche Benjamin, dass sich sein Traum bald erfüllt und ihm das Leben als Weltbürger und Lebenskünstler in Deutschland ermöglicht.

DoKo Tanwic, April 2018

Timor / Indonesien heute

Zusammengetragene Infos aus dem Internet über die Heimat meiner Vorfahren

Die Molukken, in kolonialer Zeit auch als "Gewürzinseln" bekannt, sind eine indonesische Inselgruppe zwischen Sulawesi und Neuguinea. Sie umfassen ein Gebiet von 74.505 qkm mit 2,1 Millionen Einwohnern. Verwaltungsmäßig ist die Inselgruppe seit 1999 in die zwei Provinzen Maluku (Süd-Molukken) und Maluku Utara (Nord-Molukken) geteilt.

Ambon, die Hauptstadt der Provinz Südmolukken (Maluku), befindet sich auf der gleichnamigen, etwa 775 qkm großen Insel in der nördlichen Bandasee. Der Flughafen in Ambon wird von Jakarta, Makassar, Manado, Sorong und Bali aus angeflogen, so dass eine Kombination mit anderen Zielen in Indonesien relativ leicht zu realisieren ist.

Nord- und Südteil der Molukken gehören zu verschiedenen Klimazonen. So dauert die Trockenzeit auf den Süd-Molukken von September bis Mai, bei einer Durchschnittstemperatur von 30°C. Die Regenzeit verläuft dann von Mai bis August bei Temperaturen um zwischen 23 und 28°C. Auf den Nordmolukken regnet es am meisten von Dezember bis März, und die Temperaturen liegen das ganze Jahr etwa gleichbleibend bei 30 °C.

Die enorme Fischvielfalt in den Gewässern der Molukken ist vergleichbar mit derjenigen in Raja Ampat. Allein im Hafen von Ambon wurden 780 Fischarten identifiziert, so viele, wie es in ganz Europa gibt. Die Tauchgebiete hier sind noch weitestgehend unberührt und zum Teil nur mit Safaribooten zu erreichen.

Auf den Südmolukken finden sich momentan nur einige wenige kleine Tauchbasen. Die Maluku Divers bieten hier mit einem phantastischem Hausriff und einer erst 2009 errichteten Anlage Tauchen vom Feinsten. Neue Tauchgebiete und neue Fischarten warten nur darauf, von Ihnen entdeckt zu werden.

Quelle: Wikipedia

Die Insel **Timor** ist mit 33.850 km^2 die größte der Kleinen Sundainseln. Der Timor-Archipel einschließlich Roti ist der größte Archipel der östlichen Kleinen Sundainseln im Osten des Malaiischen Archipels. Timor hat etwa drei Millionen Einwohner. Die Insel teilt sich in das indonesische Westtimor und den Staat Osttimor mit seiner Exklave Oecusse.

Die Insel Timor (etwa 125° Ost und 9° Süd) ist 476 km lang und bis zu 102 km breit und erstreckt sich in westöstlicher Richtung, wobei die Westspitze 216 km südlicher liegt als die Ostspitze. Timor ist die östlichste der Kleinen Sunda-inseln (indon. *timur*, Osten). Flores liegt einige hundert Kilometer in Westnordwest jenseits der Sawusee. Nördlich liegen das Alorarchipel, jenseits der Straße von Ombai, und Wetar, jenseits der Straße von Wetar. 1.100 Kilometer östlich von Timor liegt Neuguinea, jenseits der Bandasee. Südlich befindet sich jenseits der Timorsee Australien. Vorgelagerte Inseln sind Semau, Roti, Fatu Sinai, Atauro und Jaco.

Die Insel ist politisch zweigeteilt. Das indonesische Westtimor (Timor Barat), das zu der indonesischen

Provinz Ost-Nusa Tenggara gehört, nimmt 16.861,25 km²
ein und wird von 1.854.767 Menschen bewohnt.
Hauptstadt ist Kupang, die größte Stadt der Insel. Die
Demokratische Republik Osttimor (offiziell *Timor-Leste*), zu
der auch die an der Nordwestküste von Westtimor liegende
Exklave Oecusse und die kleineren
Inseln Atauro und Jaco gehören, hat 14.919 km² und
1.066.582 Einwohner. Hauptstadt Osttimors ist Dili.

Quelle: Wikipedia

Ende der Eifersucht

Sodann ... leb wohl und eine gute Fahrt
Auf dem Tisch liegt meine letzte Kart' ...
Ich wünsch Dir alles Gute und Segen
Mit Sonnenschein oder starkem Regen

Bevor am Meer der Sturm beginnt
nimm Deine eigene Rettungsboje mit...
weil ich beim letzten Appell fehlen werde
denn ich gehe meinen eigenen Weg ... vortrefflich!

Endlich! Ich trotte Dir nicht mehr ... hinterher
meine Liebe
wie einst ... als alles von Dir abhing
Du großer Herzensdieb

Alles blieb mir im Gedächtnis
selbst der unmöglichste Duft
er lockte mich Mal für Mal
und naturgemäß zu der offenen Tür

Als ob es selbstverständlich war
und vorbestimmt ... Teilen für ewig
aber gleichzeitig ausgebremst
und in Worte zu fassen
bis zu einem unlösbaren Schatten
Durch Deine Magie herausgefunden
und äußerst ausgeklügelt ... umgesetzt

Ich liebe dich
aber nicht aus Liebe
die ist verkrampft ... verschroben
Ich werde immer weiterlieben
doch keine seltsamen Sprünge mehr machen

oder auferlegten Befehlen folgen
um dafür - sogar zehnfach - **KEINE** Zuneigung
Wertschätzung oder Respekt
zurückzubekommen

Schluss mit der Eifersucht
Ein letzter Gruß an die Vergangenheit
Gottseitdank ist sie gestorben
die Missgunst im Heute

Nie mehr ver- und gebunden
in dieser Form der Hässlichkeit
Tschüss ... ihr eifersüchtigen Gespenster
von Unvermögen und geballter Kraft

Der Kampf ist beendet

NICHTS MEHR ZU VERLIEREN...

Heute geht es los ... lass alles hinter Dir
weil nichts mehr zu verlieren ist
das Leben geht sowieso vorbei
wen schert die Illusion?

Alles ist vorübergehend,
und zwecklos ... oder nicht?
Täglich versuchen wir
jedes Ziel zu erreichen

Manchmal gelingt es wohl
doch öfter ... chancenlos
Immer wieder ein Übriges tun
mit frischem Mut gehen wir weiter

dennoch etwas zu gewinnen
Vielleicht ein bisschen mehr Liebe...
um die Vergangenheit zu vergessen
damit unser Glück nicht vergebens war

Natürlich ... das Unglück kann
immer geschehen
wer ... oder wie ... man ist
es macht gar keinen Unterschied
ganz egal wie arm ... oder wie reich
und so weiter...

Das kann man genauso sagen
oder sich ganz ausschweigen
und alles zu akzeptieren.
jawohl ... die Zeit wird uns lehren
auch zu verlieren

Neben allem Gewinn ist nichts im Leben
selbstverständlich...
Das ist völlig normal
ohne Zwang ... ohne Eifersucht

Geschrieben von Benjamin Marijanan © Holland 2018

WO DAS HERZ IST

Du überquerst den Ozean
der Aufruhr verursacht
erklimmst einen Berg
suchst nach einer Quelle

Das gehört zu dir und nur dir
vorbestimmt zu leuchten ... wahrhaftig sein
weil die Welt deinen Namen kennt
und doch gibt es jemand anderen
der dich verurteilt ... beschuldigt

Also gehst du dorthin wo das Herz ist
folge einem Traum den du nicht verfehlen kannst
und ist es versponnen ... ist es gefährlich?
ist es böse ... eine Art von Berühmtheit zu sein?

Führe dich selbst aus der Misere
entziehe dich jenen mit ihrer Hysterie
entflüchte der Panik in deiner Stadt
wenn es rundum kein Mitleid mehr gibt

Rette dich selbst ... folge dem Zeichen
wo das Herz ist ... dort ist der Rettungsanker
wenn du es nicht tust ... ein fataler Fehler
jetzt ist der Moment ... zu erwachen

Nein ... Nein ... Nein
es ist kein dummes Spiel mehr
Du überlebst
Halte die Flamme am brennen
auf diesem Planeten gibt es viel Raum
Wo das Herz ist gibt es keinen Untergang

Geschrieben von Benjamin Marijanan am 17. Februar 2018

WIEDERGUTMACHUNG

Wenn sie gelingt ... da gibt es nie Besseres - Mann
Ein Lieblingswort in einem bestimmten Plan
Das Unmögliche möglich zu machen ist kein Witz
Man glaubt es nicht und doch muss man es versuchen ...
trotz Zweifeln
Jeder Weg zum Ende ist schwierig
und das "Publikum" auch neugierig
Weil der Krieg nicht zu fassen war
unser Schaden und auch die Schande ... klar

Die Toten blieben für immer tot
aber die Lebendigen nicht in Not
Ohne Frieden keine Freunde ... keine echte Liebe
Ohne Wiedergutmachung ist's der Teufel der Diebe

Unserer Zukunft vergeben
nutzlos dein ... mein ... unser Leben
Und nur traurig zu sein ... unsere Geschichte(n)
nur Weh ... ohne Zärtlichkeit in den Gedichten

So viel ist passiert, ohne Lust muss man weiter
Also bis zum Ende und es gibt niemals ein "leider"
Weil auch "vergessen" kommt nicht mehr in Frage.
Niemals zu bedauern ... genau ... keinen einzigen der Tage

Deswegen und dementsprechend singe ich darüber
Immer für Euch, immer wieder, es tröstete schon früher
Für uns ist das Lied der Wiedergutmachung ohne Leid
und wichtig bis zum Ende weil es Dich und mich befreit
Wiedergutmachung macht alles gut und auch perfekt
Wiedergutmachung ... nichts ist besser ... nichts ist so echt

Geschrieben von Benjamin Marijanan © Holland 2018

DIE STADT
(BERLIN 2018 – 30. Januar bis 5. Februar)

Sie ist wie eine Frau
Jawohl ganz genau
Manchmal gut vielleicht auch schlecht
Aber wie Männer menschlich echt...

Deswegen liebe ich sie
Am liebsten jeden Tag
Ihre Gebäude sind ganz verrückt
Perfekt beglückt bin ich ... verzückt

Mit der S- oder der U-
schnell mal hin und her ... und Du?
Oder gar auf Schusters Rappen
durch die Menschenmengen trappen

Kudamm genießen ... Berliner Luft
Ich bin wieder da – ich mag den Duft
Ob Alexanderplatz oder Rosenthal
Menno ... soviel Auswahl überall

Ost oder West jetzt ohne Mauer
Lieber Charlie ... was ich nicht bedauer
Diese Stadt ist wie meine Gute
Alles ist stimmig ... mir ist so froh zumute

Sie tanzt mit mir die ganze Nacht
und lächelt mit mir wenn sie erwacht
Tränen als ich sie verlassen muss
daher gebührt ihr ein Abschiedskuss!

Geschrieben von Benjamin Marijanan © Holland 2018

ZOOLOGISCHER GARTEN

Ja ... hier fühle ich mich Tag und Nacht geborgen
mit der Tierwelt an meiner Seite
Stadt von Phönix ... dem Wächter der Zeit
Der nachtblaue Himmel als stiller Zeuge

Erinnerungen sterben nie ... auch hier nicht
Selbst jetzt ist das ferne Meer perfekt tiefblau
und die Fische schwimmen ... wie schön sie sind
für eine Weile leuchten sie wie die Sterne

Umringt von Mädchen mit Träumen ... und nicht denken
Von überall kommen sie her ... vor allem für die Liebe
Kocham cię ... Polen ist nicht weit
Unvergessliche Engel sagen niemals Lebwohl

Jetzt cool bleiben ... die harten Kerle nähern sich
Reich' mir nun eine andere rote Rose
damit wir einmal doch ins Schwarze treffen
wenn die Flamme uns in dieser Nacht besiegt

Dies geschah am Morgen des Februars
zwischen Dir und mir ... an diesem Sonntag in Deutschland
rund um die perfekte Dame ... wenn sie entlangflaniert
Sicher werden wir uns bei diesem Lied küssen

Zoologischer Garten ... eine wunderschöne Anlage
voller Abenteuer
Zoologischer Garten ... vergib mir meine kühnen Träume
Wenn Du uns verletzt ... uns ohne einen Kuss entlässt
obwohl wir uns vermissen werden ... bis zur Wiederkehr

Geschrieben von Benjamin Marijanan © Holland 2018

WUNDERLAND

Lieber Schatz ... wenn es einen Ort gibt
an dem man verweilen kann
Dort fühlen wir ... mehr ... als nur frei zu sein
Scheinbar erscheint es unmöglich
es muss Teil unserer Träume sein

Es ist wie Alice in einer verlorenen Welt ...
Oder es zu überbrücken und ohne Scheu
Lebe jetzt eine andere Art des Zusammenseins
doch zugleich ohne Bedauern ... Schmerz oder Angst

Und so sage ich es laut: das ist mein Wunderland
Erdichtet und geschaffen durch eigene Hand
Ende der Verzweiflung ... ein spannendes Paradies
So viel Spaß und Überfluss ... ohne Lügen

Fort mit der Maskerade...
keine schmutzigen Spielchen mehr
Es geschieht alles kostenlos ... ohne zu leiden
Vollendung der wahren Liebe ...
die verborgene Rose entfaltet sich
Endlich wird mein Traum für immer wahr

Selbst Eifersucht ... Hass und gebrochene Herzen
alles längst vergangen und von daher
EIN NEUER ANFANG
Eine Sackgasse für allezeit in der Vergangenheit
Alle Fragen beantwortet ... voll der Gnade

Wohnstätte in einem prachtvollen Wunderland
Wie in einer wahren Existenz der besten Rockband
Ende der Hölle oder des Himmels ... Ende einer Obsession
Willkommen ... dem Traum Nahrung geben und ihn wahr
werden lassen

Ooooh Wunderland ... mein Wunderland
gebe ich Dir und Euch
Wunderland ... mein Wunderland teile ich mit Euch
und vor allem mit Dir
Ohne Dich und Euch ist das Leben eine zu harte Realität
Auch für Dich und Euch und mich ... darum bleibe ich Dir
und Euch und mir treu

Geschrieben von Benjamin Marijanan © Holland 2018

EIN BEZAUBERNDER ORT

Gestern und Morgen kommen zusammen
An diesem bezaubernden Ort fühlen wir uns so viel besser
Nie mehr vom leeren Schatten verfolgt
und der Fluss des Lebens strömt stetig

Wo ein Märchen wahr wird
das berührt uns tief von innen
Obwohl es auch grausam sein kann
Unvergessliche Liebe ... ein Juwel

Vollendete Worte klingen wie Musik
Die Melodie gibt uns einen echten Kick
Denn wenn es so sein muss
ist es für mich kein Geheimnis mehr

Die Entfernung spielt keine einzige Rolle
Gemeinsam gehen wir in die gleiche Richtung
Jetzt berühren Herzen einander ... bezaubernd
und so entfernen wir uns weit genug von jeder Schande

Es ist sichtbar in deinem und meinem Gesicht
Liebe ist echt ... wahrhaftig unter solchen Sternen
Du und ich zuhause in dieser ewigen Stadt
Weil es hier keinen Platz für "niemals" gibt ...

Frei wie Vögel ... die zu jeder Straße der Stadt fliegen
von oben herabschauen ...
genießen, dass wir nicht mehr leiden
Denn nun hat das Unglück keine Chance mehr
um Dein und mein Seelenleben zu beherrschen

Geschrieben von Benjamin Marijanan © Holland 2018

VERRÜCKTER DIAMANT IM LUXUS VON BERLIN

Und er leuchtet durch die Nacht
so verändert sich Schwarz in tiefes Weiß
gefunden in einer Welt der Dunkelheit
während ich im uralten Park herumkrauche...

Heute las ich wie sie dich gefunden haben
jetzt schreibe ich über den Stein der Wahrheit
umgeben vom Marmor des Gebäudes
Herrgott ... ein kostspieliger Kauf hinter diesen Mauern

Sie nennen dich DIAMANT DES FRIEDENS
Ende der Armut und des verlorenen Krieges...
Das ist das was viele Menschen denken
Nun träumen sie von einer neonfarbenen Welt

Ich denke an Pink Floyd ... wiederholt gleißen Neonlichter
in dem verrückten Diamanten
Also für immer zurück und mysteriös
aufgestiegen - facettenreich
Verrücktheit ist die Macht der Riesenhaftigkeit
und ihre Folgen zeitigen gewiss ein tragisches Ende

Ein Gebet mit mehr als 1000 Worten vernommen
Der Himmel muss dir von dem Land erzählt haben
Wundersame Menschenaugen ... es erhebt sich ein Finger
Jetzt bestätigen sie ... es gibt keinen Zweifel mehr...

Auch die Ursache von Krieg und Leid ... viel zu viel
Und so hatte ich nie eine Chance meine Großmutter
im Leben zu sehen
OKAY ... eine Folge der Geschichte mein Kind ...
Aber Du bist und bleibst ein großartiger Diamant

Verrückter Diamant ... unbezahlbarer Preis
Ein Mysterium?
Nur die Götter wissen warum...
Verrückter Diamant ... Dich zu besitzen
erschuf auch Schmerz
bis das Glück einst dem armen Finder zulacht...

Geschrieben von Benjamin Marijanan © Holland 2018

ICH SCHREIBE

Ich schreibe um zu leben
und das um zu geben...
Zu Reimen ist wunderbar
aber nicht immer ein Maßstab

Wahnsinn aus Wort und Poesie
und manchmal bereitet es Schmerzen
bis der letzte Punkt gesetzt ist
dann schütteln wir die Hände

Ein Freund oder Feind der vorbeischaut
Unwissend wenn die Lüge regiert …
als simple Wahrheit passiert (verkauft wird)
quält meine Seele seit der Kindheit

Gesichter von Passagieren sichtbar
Emotionale Herzen wird es immer geben
Die Zeit ist ein Zeuge … es liegt an Dir
den Kern zu lesen – oder ihn nie zu finden

Lohnenswerte Geschichten seit der ersten Klasse
Ich erinnere mein Fräulein van der Sluis
Grün ist das Gras von unserem alten Camp
und wirklich … ich war ihr Champ

Bis dass die Musik ungnädig die Stille aufbricht
Verlorenes Paradies … jetzt zurück in die Realität
Nein ich sollte besser nicht übertreiben
Liebe ohne Angst … das Los eines Schreibers

Und ich schreibe für Dich/für Euch um zu offenbaren
Nicht immer Unglück oder was verbergen …
verschwiegen zu sein

Was echte Weisheit ist … das weiß ich nicht
trotzdem schreibe ich über meinen Regenbogen

Ich schreibe Dir und Euch und so weiter
Und was denkst Du … Sohn der lieben Mutter?
Ich schreibe bis es ein Ende gibt
Herrliches Alphabet … mit dir verknüpft mich ein Band

Geschrieben von Benjamin Marijanan © Holland 2018

VERGESSENE WEGE

Es ist spät in der Stadt aus Gold
während die kalte Jahreszeit anbricht
Mein Gedanke geht zurück in frühere Zeiten
Im Zeitsprung zurück folgt er einer eigenen Spur

Über eine unangebrachte Kindheit ... ich erinnere es noch
Von älteren bestraft ... um Mitglied der Bande zu sein
Viel Vergeudung von Blut und Tragödie ...
niemals ein "tut mir leid"
Nur Hohn und Gelächter ... es bereitete mir Sorgen

Vergessene Wege ... und ich werde dich
nicht mehr ausradieren
Vergessene Tage ... das Herz taucht in die blaue Luft ein
Der unvergessliche Alptraum vertrieb meine Träume
Das Leben ist hart ... härter als irgendetwas ...
so scheint es mir

Jetzt ... nach Jahren der Stille
das Leugnen meines Gefühls
Wie zerbrechlich ... bis der Spiegel zerbrach
die Tränen nicht als Zeichen gesehen

Gewimmer ... die Geschichte war tieftraurig.
Ahhh ... ooooh ..."toll" ... die Jahre waren zu schlecht
Ich musste jedoch überleben
um schlichtweg am Leben zu bleiben

Liebe Mutter ... diese vergessenen Wege
und Vater ... unglaubliche Vergangenheit
Doch jetzt ist es vorbei und erledigt ... Gottseidank
Gib mir Rock'n Roll ... mehr als genug

Geschrieben von Benjamin Marijanan © Holland, März 2018

ICH WAR IN POTSDAM

Ein bekannter Ort nach dem 2. Weltkrieg
als die Welt verwundet wurde und sich Narben bildeten
Danach brach die moderne Zeit des 20. Jahrhunderts an
Die Zeit der Gewalt und des Kriegs kam knallhart heran...

Darum ging ich nach Potsdam
historisch und auch beschädigt
Mit der S-Bahn zum Hauptbahnhof
zurück in eine Vergangenheit ... aus Liebe

Die Historie ist ein Teil von mir
Wie vorbestimmt ... eine Art Zeichen
Politische Zauberer spielen ihr Spiel
Auch mit mir ... ohne irgendein Schamgefühl

Aber alles ist nun verändert
wir haben den alten Eid gebrochen
Andernfalls weiß ich nicht ... warum
Hallo Morgen! Und Lügen ist
nicht mehr zeitgemäß ...

Keine Zeit sich zu beschweren
Kein Grund verrückt zu werden
Kein Osten mehr ... kein Westen
und das ist nun doch zum Besten

Nicht mehr „vielleicht" ... dann mal wieder Berlin
Echt ... ein wunderschöner Ort ... den ich gewinnen will
Ihr könnt lesen wie er mit meinem Namen reim-harmoniert
Zumindest ist dies ein Teil seines Ruhms

Ich war in Potsdam und ging auf heiligem Boden
Ich war in Potsdam ... die Vergangenheit klang durch
Bis jetzt ... bis wir unsere Zukunft erreichen
Marode Türme der alten Zeit ... verfallen

Geschrieben von Benjamin Marijanan © Holland 2018

TUN OHNE GRÜBELN

Sag was ist das Ziel?
Verlierst du deine Seele?
Schreibe das perfekte Lied
Berlin kann nicht misslingen

Die Welt der Politik.
Was ist mit den Tricks?
Musik ist dennoch der beste Schlüssel
Geht in die Tiefe zwischen Euch und mir

In der Stadt der Geschichte
Koste die finale Herrlichkeit
Berlin braucht keine Worte mehr
Keine Worte mehr ... wenn es verletzt ... SICHER in Berlin

BERLIN 2018 ... ja ich war dort
Wie ein Nachhause kommen in der Luft
BERLIN 2018 ... jetzt bist Du in meinem Herzen
BERLIN ... ich gebe Dir meine Wahrheit und Kunst

Geschrieben von Benjamin Marijanan © Holland 2018

Die Heilung erfahren

Der Traum ist L.I.E.B.E.
Einfach aus unseren Herzen
Schicksal ist nicht nur ein Spiel
oder dem Zufall zuzuschreiben

Ich hab' Dir schon vorher davon erzählt
Was wir tun müssen ist ... gesunden
Es gibt hier keine Wege mehr um zu flüchten
Weil die Zeit vorbei ist sind wir nun bereit
und reif für den Wandel

Die Heilung ... was man auch immer davon halten mag
Die Heilung ... es ist nur der einzige Weg
Die Heilung ist ... uns den Frieden zu bringen
Die Heilung kommt ... um uns zu befreien ... zu erlösen

Wenn jeder Traum wahr wird
Medizin für mich ... für Euch
Verleugnung ist jetzt aus der Mode
oder sie hat keine Anziehungskraft mehr

Das Geheimnis ist nicht mehr da
Nun müssen wir einander geben ...
uns umeinander kümmern
Also haben wir unsere Bestimmung gefunden
Morgen ... eine wunderbare Beziehung

Seit wir uns trafen sind wir uns gleich und eins
Es ist ein Wunder und die Liebe ist die Ursache
Dich zu lieben heißt mich zu lieben
Heißen wir die Heilung willkommen

Geschrieben von Benjamin Marijanan © Holland 2018

DER TRAUM DEM DU NICHT WIDERSTEHEN KANNST

Weil blau die Farbe ist
öffne die Himmelstür
Grüne, liebliche Natur
rein und weiß ist immer sicher

Rot ... ich weiß nicht warum
Ich liebe dich ... kann nicht lügen
Wenn Schwarz wie die Nacht ist
trotz alledem schön im Licht.

Pink und Purpur in einem ... sage ich
Gelb wie Gold ... du hast gewonnen
oder wenn gefrorene Tränen erzählen
von dem Spiel und der Bezauberung

Atemberaubendes Orange auf der Flucht
Ein wunderbarer Regenbogen bereitet mir Freude
Der Rest der Farben die ich vergessen kann
Ein perfekter Kuss macht nicht mehr traurig

Dies ist der Traum dem du nicht widerstehen kannst
Jeder Alptraum ist nun völlig verarbeitet
Mein Traum von nicht zu widerstehenden Träumen
Wohlan ... in einem Gedicht habe ich geküsst

Geschrieben von Benjamin Marijanan © Holland 2018

BERLIN

In der Großstadt lebt die Welt
ohne Glück kann es nicht sein
Alexanderplatz Zukunft
Brandenburger Tor Freude

Die Sonne scheint an der Spree
Tiergarten atmet immer
Siegessäule schaut uns an
der Verkehr schnellt vorüber

In Berlin will jeder sein
In Berlin fühlt man anders
Die Fremden am Hauptbahnhof
U-Bahn fährt geradeaus

Kudamm ... wie zeigt er sich heut
Olympia wie einstmals
Friedrichstrasse integriert
Potsdamer Platz nagelneu

Berlin wo Freiheit passiert
ein Ort wo man sich wohlfühlt
Wo noch immer Amis sind
Russen wie Nachbarn feiern

Liebe ... begeistert sind wir
Kintopp wo Marlène lebt
Als ob Krieg niemanden trifft
alle Menschen sind Brüder...

Geschrieben von Benjamin Marijanan © Holland 2018

OHNE EIFERSUCHT

... wie Man(n) auf der Suche ist
nach Eifer oder wer du bist
Oder vergebens ... was ist das?
Obwohl ich es vielleicht hass'?

Man(n) fasst dich nicht
und es ist ganz licht
nicht in Dunkelheit
aber ohne Mitleid

Wenn die Menschen nur eifersüchtig sind
wie im Herbst, ohne Gefühle,
ohne Ehrlichkeit, ohne sich selbst
weil die Blätter gefallen sind
und nur traurig
die Umwelt als ob es nur noch
um Neugier geht...

Was ist jetzt los mit dir
ich kenne dich nicht mehr
früher waren wir Freunde
es verlangt mich sehr nach dir
vielleicht hätte ich dich
leider zu viel geliebt
und das ist wirklich zwecklos, meine Liebste

Doch für immer bleibst du meine Süße,
und bis wir uns in Gedanken wieder küssen
lass Man(n) über uns reden, Schönheit
oder eifersüchtig sein ... in Einsamkeit.

Das bleibt als einziges übrig
was Man(n) noch zusagen kann
die Zeit wartet nicht auf jemanden
aber nur ich glaube wann

Dann ist alles wieder ganz leicht
und die Zeit nur perfekt...
Alles was so schwer war für uns beide
ist jetzt aufgedeckt

Geschrieben von Benjamin Marijanan © Holland 2018

Kommunikation und Brücken

Wir gehören zur Untergruppe
Wir haben eine eigene Truppe
gehen irgendwo oder nirgendwo hin
Es hängt immer etwas in der Luft...

Ohne Verständnis und Vertrauen
herrscht hier Unverständnis und Unruhe
Wahre Liebe ist nicht zu bestehlen
nicht zu verbergen oder zu verspielen

Und bleibe dran mit Offenbaren
Brücken bauen und umkehren
vor und nach Krieg und Kampf
Der Sternenhimmel beneidet uns nicht...

denn wenn wir in ein Loch fallen
sind wir hilflos ... unerreichbar...
oder selbst gar unauffindbar in der Stille
mit gekränktem Stolz in der Kälte ... erfrieren

Durch Schamlosigkeit und Schuld
oder auch die pure Geduld
Vielen etwas nachsehen ... sich überwinden
so zu überbrücken und nach oben zu klimmen

Aus der verzweifelten Position und Chaos
bauen wir Brücken und befreien uns
besprechen alle öden Probleme
der lebendige Fluss strömt weiter...

Benjamin Marijanan © 13. März 2018 – Holland

Musikalische Familienbande

Ein Auszug aus meinen Übersetzungsarbeiten mit viel Nostalgie. Ich kannte sie persönlich: The Tielman Brothers

http://www.youtube.com/watch?v=yNJZXcvRzhg

Die Geschichte der „Tielman Brothers" begann in Soerabaya, wo die vier kleinen Tielman-Brüder 1946 anfingen zu musizieren. Ihr Vater, Herman Tielman (Soldat bei der KNIL - die Koninklijk Nederlandsch Indisch Leger - kurz KNIL - die Königliche Niederländisch-Indische Armee), war der große Inspirator und Mentor der „The Timor Rhythm Brothers", bestehend aus Reggy (Gitarre, Banjo), Andy (Gitarre), Ponthon (Kontrabass) und Loulou Tielman (Schlagzeug). Sie machten zusammen mit ihrer kleinen Schwester Jane eine Tournee durch die Feldlager der niederländischen Soldaten und traten nach der Unabhängigkeit von Indonesien in 1949 während der 'High Society' - Parties auf, und zwar bis in den Palast von Sukarno.

Ihre Show bestand aus Musik, Tanz und Ritualen aus Indonesien. Sie spielten auch instrumentale Weltmusik, wie „12th Street Rag" und vokale Hits von Nat King Cole, Bill Haley und Elvis Presley.

In 1957 kam die Familie Tielman in die Niederlande und ließ sich in Breda nieder. Die 4 Brüder traten wieder als „The Timor Rhythm Brothers" bei indischen Festabenden auf. Ziemlich schnell änderten sie ihren Namen in „The 4 Tielman Brothers".

In 1958 erhielten sie die Chance, 6 Monate lang in der 'Hawaiian Village' des Vergnügungsparks auf der

Weltausstellung Expo '58 in Brüssel aufzutreten. Sie präsentierten dort eine wirbelnde, beispiellose Rock-'n-Roll Show, wie sie noch nie zuvor in Europa dargeboten wurde. Sie spielten die Gitarren hinten im Nacken, warfen die Gitarren in die Luft und einander zu, bespielten die Gitarren mit den Zähnen und Füßen, machten Kunststücke mit dem Kontrabass, der Schlagzeuger lief spielend um das Schlagzeug herum und schlug mit den Trommelstöcken auf die Gitarrensaiten. Sie wurden von Ren (Nappie) und Ferry Vlasselaar, Eigentümer eines belgischen Jukebox-Betriebs, entdeckt. Auf ihrem Label Fernap brachten sie die erste Single der „Tielman Brothers" heraus, und zwar „Rock Little Baby Of Mine" und „You're Still The One". Es war zugleich die aller erste Rock-'n'-Roll – Produktion einer niederländischen Band. Ihr Manager, Nappie Vlasselaar, ließ die Gruppe im Zeitraum von 1959-1960 als Pausennummer in Zirkussen, auf Jahrmärkten und auf Kirmessen auftreten.

Nach dem Wegzug von Ponthon Tielman in 1964 war die Magie zwischen den vier Brüdern zerbrochen. Andy, Reggy und Loulou Tielman machten zusammen mit Hans Bax (Gitarre) und Rob Latuperisa (Schlagzeug) weiter. In 1965 spielten sie während der Sommermonate zunächst in den Niederlanden im „Palais De Danse" (Tanzpalast) in Scheveningen. Ihr Erfolg war enorm groß. Es folgte ein Plattenvertrag mit Negram/Delta Records.

Ihre Darbietung der Nummer "Maria" aus der „West Side Story" erreichte den 20. Platz in den Top 40 im Oktober 1965. Bis 1967 machten sie ebenfalls noch Platten für das deutsche Ariola Label, aber der typische Tielman-Stil war häufig weit zu suchen. In 1967 erzielten Sie unerwartet noch den größten Hit in ihrer Karriere. „Little Bird" erreichte den 7. Platz in den Top 40. Danach folgte eine Periode mit stets wechselnden Besetzungen und sie traten als „Andy Tielman & The Tielman Brothers" auf, wobei Andy Tielman bis zu seinem Tod in 2011 noch immer als Solist aktiv war.

Die große Würdigung für die Pionierarbeit von „Andy Tielman" und den „Tielman Brothers" und ihren Beiträgen zum niederländischen Kulturerbe kam seit den 80er Jahren in Gang. Jane (1993), Loulou (1994) und Ponthon Tielman (2000) sind inzwischen verstorben.

Andy Tielman war lange kinderlos und ist sehr spät Vater seiner geliebten Tochter geworden. Ihr hat er dieses Lied gewidmet:

http://www.youtube.com/watch?v=MEJ66taz4Ak

Seine Tochter war 15 Jahre, als er verstarb.

Am 10. November 2011 erlag Andy Tielman in seiner indonesischen Heimat im Alter von 75 Jahren einem Krebsleiden.

http://www.youtube.com/watch?v=lK2HxLgVuno
****

Diese familientechnischen Brüdergeschichten fielen und fallen an vielen Ecken in mein Leben ... und das rund um den Globus...

Gerade diese Brüder kreuzten nicht nur in den Niederlanden meinen Weg, sondern sie traten in den 67er/70er Jahren regelmäßig live in Essen im "San Francisco" auf.

DoKo Tanwitz
Quelle: Wikipedia

Andy Tielman – The Godfather of Indorock

Leider ist dieses niederländische Buch derzeit vergriffen.
Quelle: Amazon

Es folgen ein paar informative Links:
Quelle: Internet

https://indo-rock.jimdo.com/t/the-tielman-brothers-breda-hedel/biography-english/

http://indocentric.weebly.com/indo-biographies/one-more

https://www.facebook.com/pg/Friends-of-Andy-Tielman-229461957120983/photos/?tab=album&album_id=629559070444601

http://www.firenzefilm.com/news/23-a-tribute-to-andy-tielman.html
https://www.wikitree.com/wiki/Tielman-10

https://latitudes.nu/r-i-p-andy-tielman-one-brother-lost-of-the-tielman-brothers-rock-n-roll-legends/

http://www.top10anime.tk/2016/10/andy-tielman-the-godfather-of-indorock.j7zvN0mPnmd.html

http://www.famousfix.com/topic/andy-tielman-unchained-melody

http://www.condoleance.nl/13372/andy-tielman.html

http://www.storyofindorock.nl/andyt.htm

http://thepowerofindonesia.blogspot.de/2010/09/tielman-brothers-greatest-indorock.html

R.i.P. Andy
Your music is immortal

Foto: DoKo Tanwic

Wer das Ziel kennt, kann entscheiden,
wer entscheidet, findet Ruhe,
wer Ruhe findet, ist sicher,
wer sicher ist, kann überlegen,
wer überlegt, kann verbessern.

Konfuzius (551 - 479 v. Chr.), latinisierter Name für Kongfuzi,
K'ung-fu-tzu, »Meister Kong«, eigentlich Kong Qiu, K'ung Ch'iu,
chinesischer Philosoph